著名漫画家 蔡志忠 倾情推荐 

☆ 我的第一本历史知识漫画书 ☆

历史画中话

暗流涌动西东晋

沈山明 李 冰 编

· 学习历史知识 · 培养阅读兴趣 · 拓宽文化视野 · 启迪人生智慧

江西高校出版社
JIANGXI UNIVERSITIES AND COLLEGES PRESS

总书目

西汉：大风起兮云飞扬（上）

刘邦诛韩信　吕后传奇　缇萦救父
执法不阿张释之　七王之乱

西汉：大风起兮云飞扬（中）

飞将军李广　张骞通西域　漠北之战
苏武牧羊　狱中天子　昭君出塞

西汉：大风起兮云飞扬（下）

奇人东方朔　凤求凰　千秋史笔
假面王莽　赤眉起义

东汉：豪强争霸的朝代（上）

光武兴汉　隐士严子陵　投笔从戎
跋扈将军梁冀　党锢之祸　黄巾起义

东汉：豪强争霸的朝代（下）

董卓弄权　武夫吕布　枭雄少年
官渡之战

三国：青梅煮酒论英雄（上）

桃园结义　煮酒论英雄　三顾茅庐
崛起江东　火烧赤壁

三国：青梅煮酒论英雄（中）

威震逍遥津　大意失荆州　兄弟相煎
火烧连营　七擒孟获

三国：青梅煮酒论英雄（下）

徐庶进曹营　忠勇典韦　狂生祢衡
智士程昱　失街亭　星陨五丈原

暗流涌动西东晋

高平陵政变　贾后乱晋　晋明帝除霸
淝水之战

纷争动荡南北朝

刘裕北伐　自毁长城　梁武帝佞佛
助子兴国　女杰冯太后　孝文帝迁都

两晋名士展风流

名士阮籍　书圣王羲之　靖节先生
纵情谢灵运　昭明太子　谯国夫人

兴亡之殇隋王朝

禅代北周　玉树后庭花　独孤皇后
杨广谋位　下江都　瓦岗烟尘
晋阳起兵

巍巍大唐，天朝盛世（上）

秦王李世明　玄武门之变　一代名相魏徵
文成公主　少女媚娘　一代女皇

巍巍大唐，天朝盛世（中）

韦氏乱朝　贵妃杨玉环　魂断马嵬坡
安史之乱

巍巍大唐，天朝盛世（下）

李愬取蔡州　甘露之变　牛李党争
小太宗唐宣宗　黄巢民变

乱世烽火，五代十国

朱温代唐　优伶天子　郭威建周
不倒翁冯道　南唐遗恨　花蕊夫人
海龙王钱镠

屈辱与抗争的大宋王朝（上）

陈桥兵变　杯酒释兵权　烛影斧声
无敌将军杨业　澶渊之盟
传奇宰相寇准　王安石与司马光
奸相蔡京

屈辱与抗争的大宋王朝（下）

靖康之耻　精忠岳飞　贾似道误国
正气文天祥　陆秀夫蹈海

能征善战的辽夏金

阿保机兴辽　承天萧太后　夏王元昊
阿骨打建国　海上之盟　枭雄海陵王

马背上的大元帝国

成吉思汗　贤相耶律楚材
长子西征　马可·波罗

内忧外患明王朝（上）

草莽皇帝朱元璋　胡惟庸党案
靖难之变　郑和下西洋

内忧外患明王朝（中）

土木堡之变　南宫复辟　首辅张居正
奸相严嵩　赫赫九千岁

内忧外患明王朝（下）

明宫三大案　闯王李自成
吴三桂与陈圆圆　袁崇焕之死

唐宋元明，文化的盛筵（上）

诗仙李白　诗圣杜甫
平民诗人白居易　韩愈谏迎佛骨
玄奘西游　鉴真东渡　六祖惠能

目录
CONTENTS

西晋与东晋

西晋

西晋，又称后晋或司马晋，虽然寿命不长，但它的诞生，终于结束了魏、蜀、吴三足鼎立的分裂局面。

那么，这个短命的王朝又是如何一统天下的呢？话得从曹魏说起。

在曹魏后期，政治日益腐败，阶级矛盾也越来越尖锐复杂。尤其让人头痛的是，统治阶级内部又出现了以曹爽为首的曹氏集团和以司马懿为首的司马氏集团，两个集团斗得你死我活，谁也不肯相让。

就在斗争白热化的时候，公元249年，一时大意的曹爽陪同曹芳出洛阳城南拜谒魏明帝陵，司马懿趁机一举夺取了朝中大权。可惜大权独揽的司马懿，在公元251年，就卧病不起，一命呜呼了。司马懿死后，其子司马师继续掌权。这司马师比司马懿更加心狠手辣，在公元254年，他公然废掉了曹芳，立曹髦为帝。也是好景不长，第二年，司马师也呜呼哀哉了。接着是他的弟弟司马昭当政。有一句俗语叫“司马昭之心，路人皆知”，司马昭一上台，更加专横跋扈。不甘心做傀儡的曹髦，哪里忍受得了，于是就率数百仆从大摇大摆地杀进司马昭府邸。结果是曹髦头断血流，司马昭则另立曹奂为帝。曹氏政权至此，就完全被司马氏所控制了。

大权在握，做起事来也就得心应手。公元263年，司马昭发动灭蜀汉之战，蜀汉后主刘禅不战出降，蜀汉灭亡。接下来，司马昭被封为晋公，没多久又加封为晋王。这个人也是福禄浅薄，刚加封为晋王，第二年就撒手人寰了。好在老子英雄儿好汉，没过几个月，他的儿子司马炎就代魏称帝，是为晋武帝，晋王朝就这样诞生了。

司马炎虽然坐上了龙椅，但东吴并不买账。司马炎一边命令在襄阳的羊祜以仁德对东吴施加影响，一边在长江上游的益州训练水军，建造战船。经过长达十年时间的充分准备，公元279年，一场浩浩荡荡的灭吴之战打响了。二十万晋军沿江东下，直捣东吴都城建业。东吴在巫峡钉下了无数个锋利无比的长十余丈的铁锥，在江面狭窄处用粗大的铁链封锁江面，这样看来，应该是万无一失了。谁知晋军中也有高人啊，他们先将大竹排放入长江，再在竹排上放了无数根数丈长的用麻油浇灌的竹竿作为火炬。就这样，熊熊烈火把铁链烧成了两截，固若金汤的长江也就无险可依了。

晋军前后仅用了四个多月，便夺取了灭吴战争的全部胜利。从此，东吴的土地全部并入晋国的版图，八十多年的分裂局面终于一统于晋了。

只可惜，到了西晋末年，王室内部却爆发了“八王之乱”。王室宗亲互相残杀，北方的匈奴族人刘渊、羯族人石勒势力也一天天强大，西晋政权危在旦夕。到了公元316年，晋愍帝向前赵刘曜投降，西晋也走到了历史的尽头。

东晋

晋愍帝虽然俯首称臣，但也逃不了被杀的命运。公元318年，司马睿以恢复晋室为名，在建业称帝，是为晋元帝，定都建康，史称东晋。

东晋王朝，是一个无所作为的王朝，虽然也曾经多次试图北伐，但由于朝廷内部勾心斗角，除了最后篡晋的刘裕取得了一定成果外，其他人都无所建树。最让人痛心的是祖逖，这位有胆有识的将军，本来有希望恢复旧土，只可惜被司马睿挟制着，害得他壮志未酬，郁郁而终。

值得一提的是，公元383年，前秦苻坚大军南下，东晋宰相谢安力主抗击，并派谢石、谢玄率军抗敌。最后，东晋淝水之战大获全胜，惨败的苻坚只身逃回北方。从此以后，南北分立的局面才成定局。

谁知平稳的日子没过多久，又出现了桓玄叛乱。桓玄废掉了晋安帝，自立为天子。接着，大将军刘裕平定了桓玄叛乱，拥立晋恭帝。从此以后，东晋的大权就落到了刘裕的手里。公元420年，野心勃勃的刘裕篡夺帝位，正式取代东晋。到了公元439年，拓跋焘统一北方，中国正式进入了南北朝时期。

高平陵政变

风云变幻的三国乱世终于走到了谢幕的时候，那些我们耳熟能详的英雄都已逝去，孙、曹、刘三国英才凋零殆尽，只剩下一些弄权跳梁小丑。于是，老谋深算、深谙韬晦之道的司马懿就出来收拾残局、一统天下了。

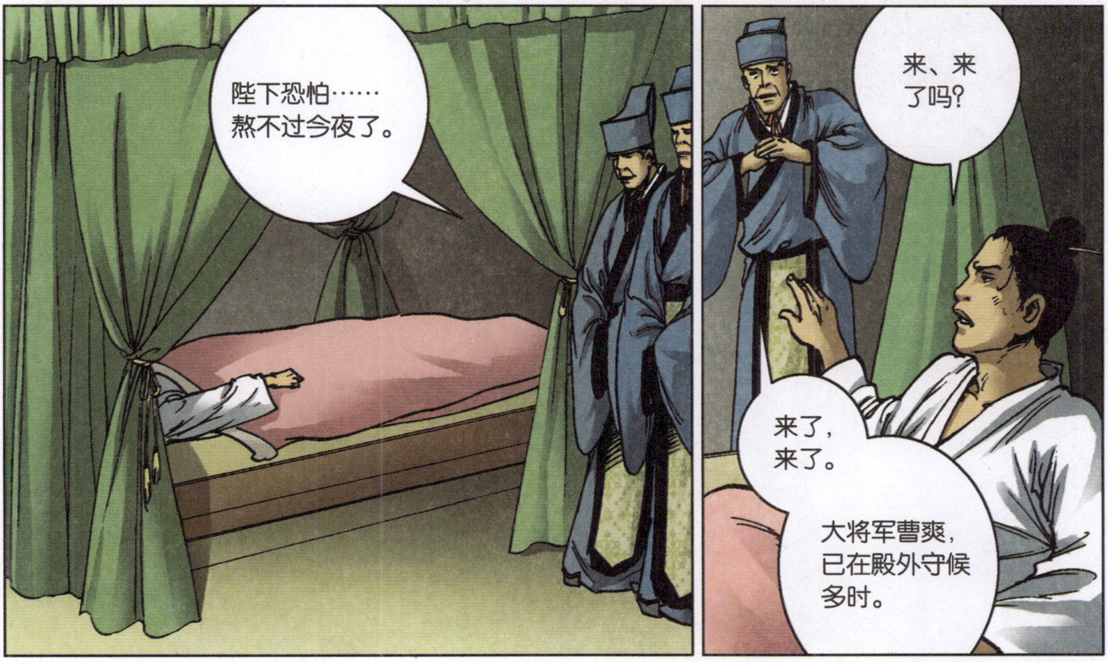

不，不是曹爽，是、是司马懿……
司马懿
陛下，千万要等着臣啊！
司马大人，快、快！晚了就来不及。
您不用脱鞋解剑了，陛下有诏，准您剑履上殿……
叩见陛下。
诏令：朕，曹叡，传位太子曹芳。
曹爽、司马懿二人共同辅政。
二位卿家，芳儿年幼，一切，就靠你们了……
陛下——

太傅：官名，始于周代，当时是国王的辅弼重臣，三公之一。魏、晋以后，此官一般为大臣加衔，属于一种荣典，没有实际权力。

曹爽越来越胡闹了，陛下年岁渐长，他却还不知道收敛！
罢罢罢，他娶他的妾，老夫读老夫的书。“东临碣石，以观沧海”……
“水何澹澹，山岛竦峙”，武皇帝的诗才有大境界啊！
老爷，李胜大人求见。
在下就要回本州做官了，特来向太傅辞行。
荆州刺史
李胜
李大人请、请、请坐！
老、老夫披件衣服。
哦，好、好！
做官好啊。
……当年不可一世的司马懿，怎么病成这副模样？

并州：辖今山西、内蒙古自治区、河北、陕西的部分地区。

高平陵：魏明帝墓，在今河南省洛阳市南。

大将军：官名，古代统兵的最高统帅。三国时期，大臣秉政，多加大将军的称号。

次日清晨
今年天气有点怪异，春天格外冷。
好像要出什么事一样。
别胡说八道，明明是你自己穿少了！
前面怎么不走了？
回大将军，前方有人跪在城门中央，挡住车马去路。
谁这么大胆，敢挡皇帝车马！
把他赶走！

大司农：官名，掌租税、钱谷、盐铁和国家财政收支。

大将军不可大意！
您位高权重，您的政敌无时无刻不在虎视眈眈。
政敌？
除了那个病得快死的司马懿，有谁敢与我作对？有谁能与我作对？
与此同时，永宁宫中
郭太后
先帝，您在天有灵，要保佑我母子啊！
太后！太傅求见！
太傅？！
老臣久未向太后请安，还望太后恕罪。
太傅说哪里话。听闻太傅病重，哀家心中甚是担忧。
如今看到太傅身体无恙，高兴都来不及，怎会怪罪？
谢太后关心，臣这把老骨头还撑得住。
久未见太后，太后可好？
唉……
自从太傅告病辞官，曹爽就令哀家迁入永宁宫。

从此，哀家难见幼帝一面，怎么能好呢？
臣虽卧病在家，对时事亦略有所闻，没想到竟是真的。
这都是老臣的罪过啊。
想当年，先帝托孤于臣，那时臣正率军前往长安，先帝连下五份诏书，召臣回京……
朕撑到现在，就是为了见你一面，朕死后，芳儿就全靠你了。
太傅何罪之有？
先帝还亲自指着皇上，叮嘱老臣："就是这个孩子，不要认错。"
先帝如此厚爱，老臣却没有尽到辅佐之责……
太傅不要再说了。
分明是曹爽欺君弄权，辜负了先帝所托，与太傅何干？

太后！
曹爽与臣同为托孤重臣，曹爽有过，应由臣纠正。
臣请太后趁曹爽兄弟皆不在京师之机，
下旨褫夺其军权！
一年前我就派李胜去打探过司马懿的消息。
那老家伙又聋又糊涂，不会再对我构成威胁了。
大将军！
不怕一万、就怕万一！
京城空虚，诸军群龙无首，任何一个王公大臣都可以夺取兵权。
若是城门一关，大将军您就再也回不来了。
皇上跟我在一起，谁敢关城门，那岂不是造反？
再说，没有皇上的旨意，谁能调得动一兵一卒？
桓大人，我看你是越发多疑多事了！
大将军！
不必多言，我倒要看看，我兄弟一同出城能出什么大事！
来人！扶桓大人回府休息。

太傅的意思，可是要发动政变？
不敢！
老臣之意，是要还政于皇上。
老臣收回军权，便交与皇上和太后共掌。
太后也就可与皇上共享天伦之乐了。
可是，哀家并无调动军队的权力。
这倒无妨，只要太后您下旨，授权老臣讨伐逆贼即可！
高平陵
太傅，皇上可是与曹爽在一起，若是他劫持皇上，岂不就……

洛水：黄河支流，在今河南省西部。

哈哈！
各位，喝！
难得出来一趟，各位可要尽兴而归！
可恶！
说是来给父皇扫墓，实际却是借机到离宫寻欢作乐。
快开城门！
我要前往洛水浮桥见司马大人。
上面有令，任何人不准出城。
请大人出示诏令！
诏书在此，你还不开门？
大人恕罪，请将诏书交与下官检验！

太尉：官名。战国时称国尉，为全国最高军事长官。汉武帝时改称大司马，后历代沿置，但逐渐成为权臣的加衔，无实际权力。

大将军，太傅司马懿举兵控制了整个京城。
称说太后有诏，解除大将军兵权！
司马懿？！
他不是快死了吗？
大将军、大将军！
司马懿他……
我已经知道了。
现在，该怎么办？
大将军切勿忧虑。现在皇上在此，这是我们最大的优势。
您可护驾前往许昌，再以天子名义征调天下兵马，讨伐司马懿。
……
您有一支亲信军队正驻扎在城南，洛阳屯垦部队也在城外。
哦……
您立刻集结二部人马暂往许昌整军备战，也足以与司马懿抗衡了。
还是先派人去打探一下城里的动静吧！
大将军……

侍中：秦汉时自列侯以下至郎中的加衔。尚书：官名。掌文书章奏等事。殿中校尉：官名，职掌督守殿内，朝会、宴飨时穿军服随侍左右，晚上手执白虎幡监开都城的城门。

伊水：今伊河，是豫西地区第二大河。鹿角阵地：一种阵地营寨前的防御工事，把带枝的树木削尖，半埋入地，以阻截敌人闯入。大司马：官名，最早职掌兵事；西汉时，为三公之首，是最高政务长官；至东汉时，改称太尉，职位不变；魏晋至唐以后，其政务长官的实权才逐渐消失。

我来的时候，皇上还派人向我询问城中情况。
皇上与太后母子连心，您若是胁持皇上去了许昌，皇上还会对您有好脸色吗？
若没有皇上的支持，您的行为，岂非与谋反无异？
您的家眷可是都在京城啊！
我，再想想。
大将军究竟要想到什么时候？
呜呜呜——

大将军您不当机立断，只有死路一条！
死路一条啊！呜呜——
讨厌！太难决定了。
古往今来，有哪个将权位拱手让敌的人，能得到好下场？
此言差矣。汉家的末代皇帝刘协，禅位之后不也是得享天年？
许昌，没有京都繁华呀。
若是流亡在外，几时才能回去呢？
喔喔喔——
！！

愚人妄语

在曹氏和司马氏两大集团的斗争中，司马氏为什么能获胜？关键是司马懿有高超的斗争技巧：善于伪装。当曹爽咄咄逼人的时候，司马懿选择装病，而且还装得像模像样，以此来避其锋芒。还别说，这样一装，曹爽还真的放松了警惕，带着新皇出城祭祖去了。于是，司马懿抓住机遇，来了一次彻底的宫廷政变，曹家天下也就落到了司马氏手中。

谈天说地

九品中正制

九品中正制，又称九品官人法，是魏晋南北朝时期重要的选官制度。你可别小瞧了这一制度啊，它从曹魏开始，到隋唐科举制度确立，存在了四百多年呢！它上承两汉察举制，下启隋唐科举制，是中国封建社会三大选官制度之一，你说说，它不重要吗？

问题来了，两汉时期的察举制不是好好的吗？曹丕为什么要采纳陈群的建议，制订九品中正制呢？实际上，对曹丕来说，也是没办法的事情。

到了东汉末年，察举制已被门阀士族所操纵，滋生了种种腐败现象，这就与要求参与政治的中小地主及知识分子产生了尖锐的矛盾。曹丕清楚，要想曹家天下长治久安，没人才不行啊！如果再让察举制延续下去，朝廷上下哪里还能吹进来一丝丝新鲜的空气呢？不改革就是死路一条。如何改呢？主要有三条：

一是设置“中正”。这是九品中正制的关键环节。所谓“中正”，就是掌管某一地区人物品评事物的负责人，也就是中正官。中正官又有大小之分，州设立大中正官，掌管州中所有郡县人物的品评，各郡又设立小中正官。中正官最初由各郡长官推举产生，晋朝以后，改由朝廷三公中的司徒选拔和授予。各郡的小中正官则由州中的大中正官推举，但仍需经司徒任命。

二是品评人物。这是中正官的主要职责。中正官负责品评和他同籍的士人，包括本州和散居其他各郡的士人。品评主要有三个内容：家世，即家庭出身和背景。换句话说，就是要看看你父辈、祖辈的资历、仕官情况和爵位高低。行状，相当于品德评语。定品，即确定品级。定品级原则上依据的是行状和家世，但晋以后完全以家世来定品级，出身寒门的人行状评语再高也只能定在下品，出身豪门的人行状不佳也能位列上品。这也就导致后来形成了“上品无寒门，下品无士族”的局面。

三是选拔依据。中正评议结果上交司徒府复核批准，然后送吏部作为选官的根据。中正评议人物每三年调整一次，对所评议人物可随时予以升品或降品。

贾后乱晋

西晋仅存在了五十余年，但割据混战的时日竟占了将近三十年。贪婪、权欲、怯懦、自私、嫉妒、骄奢……人性的种种弱点，酿成了这个黯淡如漆、令人窒息的可悲时代。

陵云台：又称凌云台，一说高十三丈，一说高二十三丈，据《洛阳伽蓝记》记载，是魏文帝曹丕时期所筑。太子少傅：辅佐太子的官，后来逐渐成为虚衔。

给使：供皇帝差遣、役使的官，也称给官。

这、这是——
陛下吩咐了，这些卷宗由太子亲自裁决，日落之前处理完毕。
原来，父皇的用意在此。
幸好我早有准备。
呜呜，我什么都不懂啊。
府里的人又都不在，怎么办？
哭什么！
府里的人不在，不会找府外的人代答？
大人快请，太子正在书房等着呢。
嘘，别大人大人地叫呀。
当心走漏了风声。
嗯，引经据典，字字珠玑，写得很好，我要重重赏你。
来人，快请张给使，就说太子已经裁决完毕。
完成了。
太子妃请过目。

还请张给使在父皇面前多多美言。
一定，一定。
这些东西，稍后就差人送到张给使府上。
不过恕臣下多嘴，太子的这份答卷……
是请人代答的吧？
啊！
恕臣下不敬，太子爷的资质，人所共知。
可这份答卷答得如此精奥深刻，陛下看了，定会起疑。
张大人！
那你说该怎么办呢？
依臣下之见，答案只要事理明白即可，答得越简单、越直接越好。
太子妃若不嫌弃，臣下愿意代笔。
太好了！
将来太子继了位，一定不会忘记张大人您的。
哈哈哈——
太子文采虽然不是很好，可事理明白得很。
快把卫瓘给我叫来，看他还有什么话说！

车骑将军：西汉时掌宫卫，领禁军，位同三公；东汉时不常置，是位列次于大将军、骠骑将军的军衔。

大都督：官名，始于东汉末期，为战时出征的统帅，战后即罢；魏晋、南北朝时，为全国最高军事统帅，又称都督中外诸军事。

晋惠帝所说的饥民为何不喝肉粥，即“何不食肉糜”，此话后来代表不知民间疾苦。

殿中中郎：殿中，指皇帝的侍卫人员，殿中中郎与殿中校尉一样，都是殿中将军，在殿前随侍左右。勤王：皇帝有难时，各路军队前来救援的行为。

皇后贾南风一手策划的政变爆发了……
东安公司马繇，奉诏讨伐叛逆杨骏！
陛下还犹豫什么，杨骏谋反证据确凿。
请快下诏吧！
杨骏，看看究竟是你厉害，还是本宫厉害！
嗖
嗖
嗖
嗖
啊、啊！
怎、怎么办？

太尉切勿慌张，这肯定只是些宦官小人之辈替贾后出谋发动的小政变。
您若立即派人焚烧皇宫南门，征召京城卫队，拥护太子司马遹进宫除奸，便可控制局势。
皇、皇宫南门多、多漂亮啊，我舍不得！
完了，此人没救了。
由于杨骏的懦弱无能，情况以一面倒的态势持续发展。
杨骏逃到马厩中，被军士搜出，当场诛杀……
凡杨氏党羽，均被屠三族。一夜之间，数千人惨死……
杨骏之妻庞氏因是太后杨芷之母，暂免一死。然而不久，贾南风就以参与谋反之名，将杨芷废为庶人，并立即诛杀庞氏……

金墉城：坐落在今河南洛阳市东，三国魏明帝时所筑。曹魏时被废黜的皇帝、后妃或太子等皆被禁锢于此。太宰：官名，又称大宰，周代也称冢宰，担当辅佐帝王治理国事的重任。太保：官名，商周时为国王的辅弼重臣三公之一。此官位在太傅之下，汉代以后往往只是大臣的加衔。

哼！
本宫以为除去杨骏，便可大权独揽。没想到还有这两块绊脚石！
洛阳市中
军爷、军爷！
您二位还没付钱呢。
付钱？笑话！
大爷可是平叛大功臣楚王殿下的部属，敢跟大爷要钱？
不想活了你？
什么事吵吵嚷嚷的？
楚王殿下！
您来得正好，您可要为小的做主啊。
酒钱？
你们的小命都是本王救的，还跟本王的部下要酒钱？

住手！
信不信本王砍了你？
哼！
哦，原来是我大晋朝第一重臣，太保卫瓘和太宰汝南王啊。
你好歹也是个王爷，为几文钱和市井平民动手，成何体统？
这家伙仗着平叛有功，越来越不像话了。
是啊，参与平叛的其他诸王也都骄奢暴虐。
让他们留在京师，始终是心腹大患。
老家伙！当年你们受杨骏压制，跟两只缩头乌龟似的。
如今却来本王面前逞威风，看本王怎么收拾你们！

长史
公孙宏
楚王若想除去这两个老家伙，只需讨得一人欢心即可。
哦？
是谁？
这是楚王孝敬皇后殿下的礼物，请您笑纳。
呵呵，楚王还真是有心，公孙大人请替本宫多谢他了。
另外，本宫这里有封奏章，不知楚王殿下有没有兴趣看看。
又是司马亮和卫瓘两个老家伙！
竟然说诸侯留在京中会败坏朝政，要将诸王统统赶回属国！
皇后还有一样东西，要下官转呈殿下。
这是？
密诏？
詔書
太宰太保欲廢黜
皇帝宜宣另立新君
楚王宜宣詔廢二公
司马亮、司马玮，你们自相残杀去吧。
本宫就坐山观虎斗，尽收渔人之利了！

"楚王宜宣诏，废二公"……
皇上的意思是要本王发动兵变？
正是。
笔迹倒是皇上的亲笔。
可这诏书的意思模模糊糊的，本王还是向皇上核实一下为好。
此乃密诏，若翻来覆去地查实，恐怕会贻误时机、泄露机密啊。
也好！
诏书写得模糊不明，也就是说，本王可任意处置那两个老家伙！
嚓
嚓
嚓
什么？
府第被包围了？
我一片忠心，为何遭此横祸？
若有诏书，请出示！

诏书本王有。
可是又怎能给罪臣看呢？
太保！此诏书肯定是贾后伪造的。
您要上书陛下，辩明自身清白；若诏书是真，再死也不迟啊。
君要臣死，臣又怎能不死呢？
唉——
哈哈哈——
这老家伙比较痛快，那本王就不客气了！
给本王杀！
老家伙们！现在知道本王的厉害了吧。
楚王殿下辛苦了。
皇上有旨：楚王擅自调动兵马，诛杀朝廷大臣……
反叛之心昭然若揭。即刻逮捕归案，斩首示众！

愚人妄语

实实在在说，贾后乱晋是历史的必然。你想想，封建王朝，讲的就是一个“传”字，父父子子。即使儿子是白痴，龙椅还得由他来坐啊。一旦遇上了强势的皇后，她能不想方设法摄政吗？一个国家，如果要想没有“贾后乱晋”这种现象，关键还得从机制上堵死漏洞，要不，“乱晋”的悲剧还会继续演绎下去。

谈天说地

八王之乱

历史上的“八王之乱”中的“八王”是指哪些人呢？他们分别是汝南王司马亮、楚王司马玮、赵王司马伦、齐王司马冏、长沙王司马乂、成都王司马颖、河间王司马颙和东海王司马越。怎么都是司马氏呢？八王之乱，实际上是西晋皇族内部为争夺皇权而引发的一场内乱啊。

事情是怎么发生的呢？

这还得从晋惠帝的皇后贾南风说起。贾南风是开国元老贾充的女儿，这女人，长得奇丑无比，但野心可大了。因为有了老头子这层关系，你奈她何？当然，怪也只能怪软弱无能的晋惠帝，龙椅是坐上了，可没这个能耐呀，朝政大权自然就落在贾南风的手里。这还了得？司马氏的天下还容不得你贾南风做主呢！于是，八王之乱的导火索就此点燃了。

八王之乱的第一阶段是在贾南风的一手策划下开始的，从元康元年（291 年）三月楚王司马玮进京杀杨骏开始到六月司马玮被杀为止。三个月中，杨骏、卫瓘两个大臣被杀，司马亮、司马玮两个藩王丧命。

八王之乱的第二阶段是从元康九年（299 年）开始到光熙元年（306 年）结束。这个阶段动乱规模比第一阶段更大，参与的宗室王更多，战争更加惨烈。

本来已经平定了的八王之乱，为什么又起风波呢？祸根还是贾南风。她虽然权倾朝野，但遗憾的是没有儿子，她为了将来能当太后，不得不闹事了。她先是诛杀太子司马遹。这下可捅了马蜂窝了，于是，赵王司马伦伪造晋惠帝的诏书，以杀太子的罪名，发兵搜捕贾皇后及其党羽，将她囚禁在建始殿。

当然，这个司马伦也不是善茬，搞定了贾南风，又伪造诏书自封为相国，到了永康二年（301 年）正月，又把晋惠帝软禁在金墉城，自己当上了皇帝。

你司马伦凭什么位至九尊？齐王司马冏不服，于是，他联合河间王司马颙、成都王司马颖乘机起兵讨伐司马伦。司马伦兴兵反击，只可惜寡不敌众，最后也被囚禁在金墉城，被赐金屑酒而一命呜呼。至此，司马伦一党也就烟消云散了。

司马冏在杀了司马伦后，在永康二年（301 年）四月，迎接司马衷复位，改元永宁。但后来的日子也不太平，诸侯王你杀我，我杀你，杀得难解难分。一直到光熙元年（307 年）十一月，晋惠帝司马衷突然死亡。至于为什么？情况不明。接下来是司马炽继位，是为晋怀帝。这个晋怀帝手段可不一般，到了他的手里，八王之乱才没有继续上演。

晋明帝除霸

王敦拥立晋元帝司马睿登基后，与兄弟王导一个拥兵在外，一个执政在朝，因此，当时人都说："王与马，共天下 。"王敦日益骄横，一心想专擅朝政。晋元帝想抑制王氏势力，暗做军事部署，却被王敦以清君侧为名攻入石头城。王敦企图进一步篡权，遭到王导的坚决反对，只好还师武昌，遥控朝政。不久，晋元帝忧愤而死，东晋的未来，寄托在太子司马绍年轻的肩膀上……

石头城：广义上是今江苏南京的别称。

江左：当时人习惯以江右称呼西晋，统治地域主要在长江北面，也指江北；而江左则指东晋，统治地域主要在长江南面，因此也指江南。

殿下，王师六军都败了啊，您贸然出战太危险了。
庾亮
别拦我，王敦老贼，今天就让我和你一决生死！
殿下留步！
温峤
你干吗斩断马的胸带？
殿下身为一国储君，怎能逞匹夫之勇，以身犯险，轻弃天下于不顾？
可是王敦他逼人太甚！而父皇、父皇他……
王敦想要朕的位子，跟朕说一声就行了，何必这样残害百姓？
晋元帝司马睿
陛下……
如果他不忘朝廷、就此罢兵，天下尚可共安；不然，朕就回琅琊去，这位子就让贤给他吧。

温峤：字太真。

晋元帝的无奈退让，让王敦威慑王权的目的得逞。刘隗等人被诛杀，百官前往石头城朝见王敦。王敦得封丞相，统领军事，并任命亲信担任各个要职，同时残杀异己，并放任下属肆意劫掠。
贼臣王敦，颠覆国家社稷，神祇请快快显灵杀了他吧！
老不死的，还敢胡说？
急什么？等到了城南门外，就让你去见神祇！
石头城
听说陛下气得生了病，呵呵，看来没多少时日了。
现在废掉他，另立储君，却也不晚。
只是司马绍颇为聪敏，将来恐怕也是个麻烦，当初真不该拥立他为太子。
王敦
那小子有勇有谋，是众望所归，想废掉他……不好找借口啊。
聪明有何用？只要说他不孝，别人还能有什么怨言？
钱凤
温太真曾答应我会当众诋毁他，大将军明日大宴时请他来，再稍加威慑……

太真一直跟在太子身边，听他说，太子举止轻率，常有不孝的言行……
太子有什么德行？陛下听信佞臣，他身为人子却不曾劝谏，实在是不孝！
次日
太真，你来说说，太子为人怎么样？
太子深谋远虑，不是我这样见识浅薄的人所能理解的。
不过，他谨遵礼节侍奉双亲，太子绝对可以称得上孝顺！
哼！今天的酒真是难喝。
这小子竟敢耍我，我且把他要到身边来，以后要他好看！

左司马：官名，为大司马的辅助之官。

芜湖：今安徽省芜湖市东约三十里。逆旅：即客舍、客店。郭璞：字景纯。趋行：就是小步、快步向前走，急行、赶路的样子，这里指人臣晋见皇帝时恭敬的样子。

姑孰：今安徽省马鞍山市当涂县城关镇。

丹阳尹：治理丹阳郡的长官。丹阳郡的治所为建康，即今江苏南京。

恐怕钱凤不久就能明白自己上当了，我得彻底断了他阻止我回京的机会。
临别之际，我再敬世仪一杯。
多谢温兄。
啊？！
钱凤，你是什么人？我温太真祝酒你敢不喝？！
你干什么？！
左司马醉了，快扶左司马回去休息！

温峤与朝廷关系密切，未必可信，这次让他回京是否欠妥啊？
太真昨天酒醉，对你稍有失敬，你怎能因此就这样诋毁他？
派他担任丹阳尹绝对没错。
次日
陛下，太真来信了！
王敦在芜湖日夜集结军队？看来他是真要造反了！
陛下怎能亲去查看？太危险了，让臣前去就好。
事关紧要，朕得亲自去查看一番。
庾卿是风雅君子，调查的事你不在行，还是交给朕吧。
对了，有好消息，温卿快要回来了。
芜湖军营

黄头鲜卑奴：这是对晋明帝的蔑称，黄头指的是金发，可见晋明帝具有白种人的相貌特征。《晋书·明帝纪》亦明确指出晋明帝的相貌与其母族相近，其生母荀氏应为鲜卑人。

等陛下到了芜湖，请帮我将这七宝马鞭交给逆旅妇人。
幸好带了它，郭卿果然神算！
婆婆，待会儿有军爷追来，就请把这个拿给他们。
啊？好！
用水把马粪浇凉，希望能骗过他们。
等等！
老太婆，这鞭子哪来的？
一位骑马的锦衣人留下的。
他人呢？
早就走远了。
这鞭子真是宝物啊。
一定是皇上的东西。

司徒：官名，职掌国家土地和教化民众、官司籍田，负责征发徒役。

竟敢说我病死，还带兵来讨伐？
乱我军心，看我活捉了这小子，亲手拔了他的舌头。
来人！
将军！
整军去清君侧，剪除温峤这奸贼。
凶，出师不利。
哼，我早知道你和温峤那小子是一伙的。
你再算算我的寿命多长？
看刚才的卦象，明公如果起兵，灾祸不久将至；如果留在姑孰，寿命长不可测。
那你的命有多长？
今日正午毙命。
那我就顺应天命吧。将他缉拿，正午处斩！

明公：指王敦。

愚人妄语

晋明帝确实有过人之处。按常理，他除掉了王敦，接下来就是对王敦的部下或杀或流放，以除后患。万万想不到的是，他并没有这样做，相反，他不但不加以追究，还让王敦的将士放三年假，俸禄照发。如此，人心能不归顺吗？在距今一千多年前的西晋王朝，能出现这样的明主，不能不说是民之幸事。

谈天说地

石崇与王恺比富

晋武帝坐了龙椅，不久又灭了心腹大患东吴。没仗打了，干什么呢？于是就沉湎在荒淫无度的生活里。在他的倡导下，朝廷内外，比阔斗富。在京都洛阳，当时有两个出名的大富豪：一个是晋武帝的舅父，后将军王恺；一个是散骑常侍石崇。

这两位高级将领是如何比富的呢？

石崇刚到洛阳，就听说王恺是富甲天下，心想，这不是给我难看吗？我得跟他好好比比。有人说王恺家里洗锅子用的是糖水，石崇马上下令：从今而后，我家厨房把蜡烛当柴火烧。这件事一传开，京城里的人个个是啧啧惊叹：还是人家石崇比王恺家阔气呢。

话传到了王恺的耳朵里，他哪里咽得下这口气？跟我比，哼，没门！于是，他在自家门前的大路两旁，用紫丝布做了四十里长的步障。这个奢华的装饰，一下子就轰动了洛阳城。

石崇一看这架势，你王恺不是成心要和我作对吗？谁怕谁呢！他就用比紫丝布贵重十倍的彩缎，铺设了五十里长的步障。王恺眼看自己又输了，那个气呀，不打一处来，心不甘啊！于是，他就向外甥晋武帝请求帮助。这晋武帝一乐，觉得挺有意思，就把宫里收藏的一株两尺多高的珊瑚树赐给了王恺，好让王恺在众人面前炫耀一番。

有了晋武帝的帮忙，王恺比阔气的劲头就更大了。他特地请石崇和一批官员上他家吃饭。宴席上，王恺得意地说："我家有一株罕见的珊瑚，请大家观赏一番，怎么样？"

"稀世珍宝啊！你看那珊瑚，枝条是那么匀称，色泽是那么粉红鲜艳。"官员们一见就啧啧称赞道。就在这时，在一旁冷笑的石崇，看到案头正好有一支铁如意，顺手抓起，朝着珊瑚树掷去。“当啷”一声，美丽的珊瑚就七零八落了。

周围的官员吓得大惊失色，王恺也气得满脸通红，气急败坏地责问石崇：“你……你这是干什么？”石崇嬉皮笑脸地说：“您用不着生气，我还您就是了。”

“好，好，你还我来！”

石崇叫他的随从回家，立马就搬来了几十株珊瑚。这些珊瑚中，三四尺高的就有六七株，大的珊瑚竟比王恺的高出一倍。株株枝条秀美，光彩夺目，官员们都看呆了。王恺羞得半天做不得声，从此以后，再也不和石崇比富了。

这场比阔气的闹剧就这样结束了。从此以后，西晋王朝的大小官吏就开始了一场别开生面的搜刮民脂民膏的比赛，害得老百姓叫苦连天。当然，这样的腐败王朝，日子哪会长久。

淝水之战

357年，分裂混战了近半个世纪的中原大地，突然出现了统一的希望。一个英雄横空出世，他率领氐族铁骑，将写着前秦国号的旗帜插遍长江以北的土地。二十余年后，他又将所向披靡的马鞭指向了江南。可是这一次，他倒下了，未能再站起来。击败他的不是别人，正是他自己的骄傲和狂妄。

氐族：古代中国西北的一个少数民族，历史悠久。襄阳：今湖北省襄樊市襄阳县。尚书：官名，战国始设此官，专门为君主保管文书。

彭城：今江苏省徐州市。慕容垂：字道明，鲜卑族人。

鲜卑族：古代中国东北地区属东胡系统的民族，最早居住在鲜卑山（今大兴安岭），因此得名。羌族：中国少数民族之一，主要分布在四川省北部地区。

九十七万大军：苻坚是否真的率领这么庞大的军队南征，是有争议的。

北府兵：东晋孝武帝初年谢玄组建训练的一支精锐部队。谢安：字安石。淮南：汉曾置淮南国，治所为今安徽六安市北，后迁往今安徽省六安市寿县。三国魏时亦曾置淮南国，后改为淮南郡，辖境均在今安徽淮河以南地区。寿阳：今安徽省六安市寿县，又名寿春。

大都督，胡彬将军已经率水军五千前往增援寿阳守将徐元喜。
谢安之弟
谢石
刘牢之
好！玄儿，传令全军急行！
谢安之侄
谢玄
是！
寿阳城
苻融，我今日就和你决一生死！
废话少说，看剑！
寿阳守将
徐元喜
锵！
不好，力量太猛，抵不住！
啊！

刘牢之：字道坚。

硖石：今安徽寿县西北。洛涧：今安徽淮南市的东淮河支流洛水。淮水：淮河的古称。

驾！
啊！
嘶
死了吗？
早断气了。
搜他的身！可能是晋军探子。
有封信。
快回去交给符将军。
非常好！
看来这次被我们围困的，是晋军主力了。
你们迅速把我的信送到项城的皇上手中！
是！

项城：今河南省项城市。

苻坚接到苻融的情报，把大部队留在项城，亲率八千骑兵驰抵寿阳。
好！
洛涧东二十五里处
唉，秦军猛将梁成屯兵五万于洛涧，数败我军。
不除掉他，我们无法渡过洛水，解救寿阳呀。
都督，我请精兵五千，夜袭梁成军营。
定叫梁成有来无回！
刘牢之
道坚，那就看你的了。
遵命！
呼——
呼——

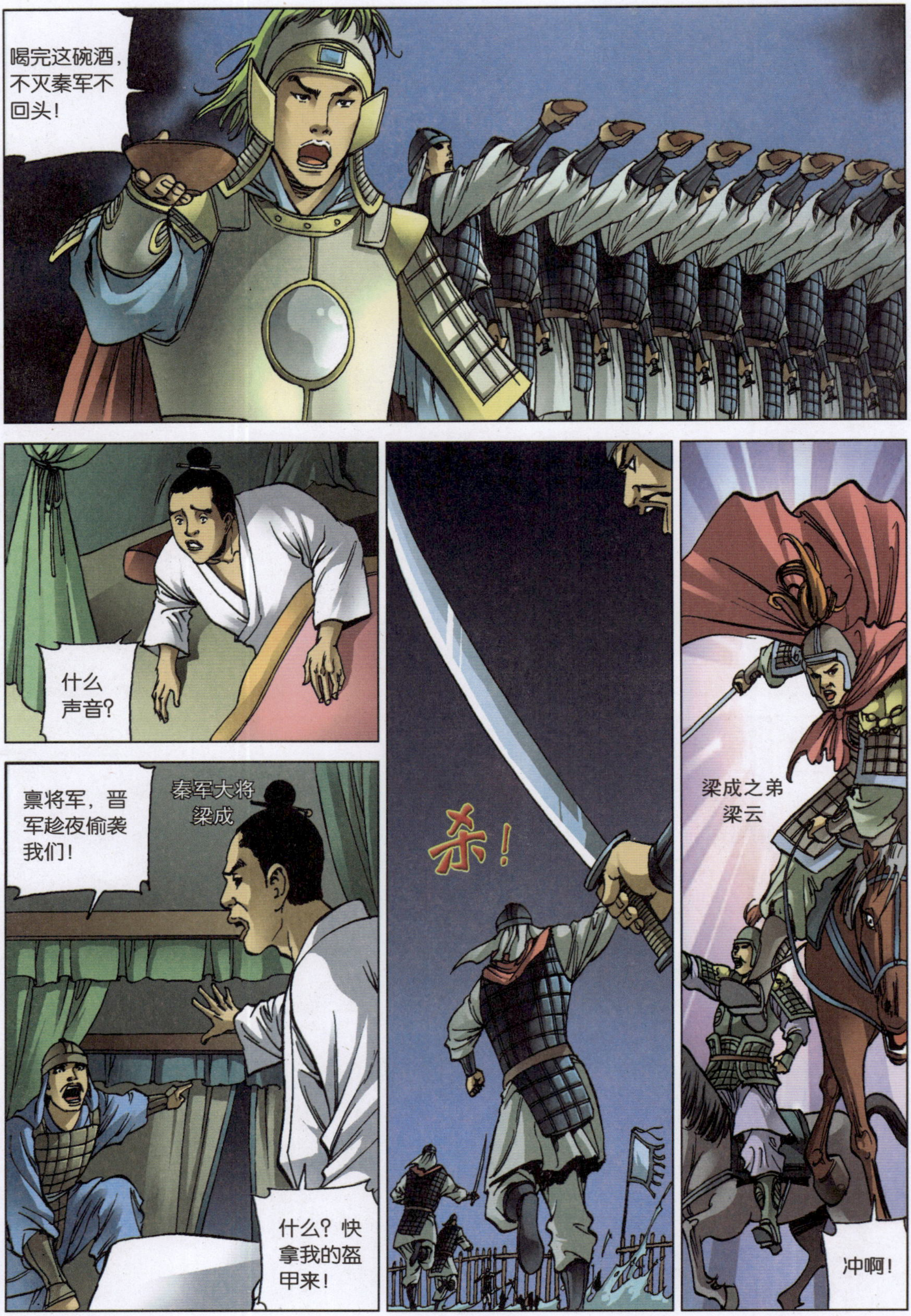
喝完这碗酒，不灭秦军不回头！
什么声音？
禀将军，晋军趁夜偷袭我们！
秦军大将梁成
什么？快拿我的盔甲来！
杀！
梁成之弟梁云
冲啊！

看枪！
啊！
不好！
啊！
小弟，我一定会为你报仇的！
梁成

淝水：淮水支流，在今安徽中部，即安徽东淝河。八公山：位于今安徽寿阳东、淝水之北。

啊！这晋军布阵整齐，将士很是精锐啊。
这……这晋军分明就是劲敌！
怎么会有情报说他们人少易擒呢？
陛下！
苻坚误把八公山的草木错当晋军士兵，惊恐万分。
这就是成语“草木皆兵”的由来。
寿阳城内
哼，毕竟朕是率百万大军来灭晋的，淝水对岸的晋军不到十万人……
不如派人以此去威胁晋将，让他们自己投降不就好了。

朱序，朕要你去晋军营内劝降。
你曾是襄阳守将，此行非你莫属。
……微臣明白了。
那就速速去吧。
朱序劝降来了……
晋军大营
这个叛徒！
这是劝降书！
请大都督马上出击！
等到百万秦军真的会合，就晚了！
果然居心叵测，你这个叛徒！
想要我们去硬拼送死！
玄儿，快住手！放下剑。
无论如何，两军交战，不杀来使。

秦军现在只有先头部队到达，人数并不多，大军还在集结当中。
且苻坚本人亲临寿阳前线督军，如果能速战速决，破秦前军以挫其锐气，晋军才有获胜的机会。
苻坚本人亲临前线了？
……
多谢朱将军来报信！谢某会设法随机应变的。
好，那朱某就先回寿阳了，以免苻坚怀疑。
谢将军如果有需要配合的地方，朱某定当全力以赴！
这个时候派使者来做什么？
传上来！
参见苻将军。
苻将军，晋使求见！
接到朱序的情报后，谢石列阵向前秦军邀战，但在淝水南岸被前秦军击败。谢玄和谢安之子在淝水北岸列阵，追击而至的秦军在南岸列阵，两军隔河对峙。

晋使现在来我秦军大营，就不怕进得来、出不去吗？
自古惯例，两军交战，不杀来使。
哈哈，有点胆量。你来此为何呀？
素闻将军神勇，却沿淝水布阵，俨然想打持久战。
何不稍稍后撤，让晋军渡河，痛痛快快一决胜负呢？
这……
难道百万秦军怕了我们的北府兵？只敢列阵，不敢出战？
将军，您怎么会贸然同意撤退呢？
胡说！那我军就向后撤退几里，让你军渡过淝水决战！
苻将军果然豪爽！在下告辞。
这明显是晋军的诡计呀。

呵呵，我刚才不过是假装中了那个混蛋使者的激将法。
我想的是，待晋军一半渡过淝水之时，再以骑兵冲杀，一定可以取胜！
妙！好一个将计就计，兵不厌诈！
哈 哈 哈
晋国建康，谢安府
丞相，我军现在正准备渡过淝水，和秦军决战。
知道了。有新的情况再来通报。
丞相，该你走了。
是！
呵呵，好。

就走
这步！
怎么开
始撤了？
不知道，上面
下令后撤，也
不知道是怎么
回事。
我们被打败了，
晋军杀过来了，
想活命就快跑
吧！
那我们也
快逃吧。
是啊，我本来
就不想打仗，
逃晚了被晋军
抓住或杀掉就
不好了。
苻将军，不好
了！我军一后
撤就阵脚大乱，
无法组织部队
进攻渡河的晋
军呀。
已经有晋军
冲过淝水，
向我们攻过
来了！

什么？！
杀
啊！
秦兵败了，秦兵败了！大家快逃命啊！
快跑啊，我们被打败了！
不准后退，给我冲！

啊！
想杀我，
没那么
容易！
找死？
去！
不好！

当啷
怎么会这样？！

嘭！
啪！
丞相，妙啊！好一个以少胜多、反败为胜！
怎么会这样？不可能，不可能的！
呼呀——
呼呀——
鹤鸣
大家听见没？好像是晋军追击过来的声音呀。
这里不宜久留，陛下，我们快撤吧！

率领百万大军、雄心万丈出击晋国的苻坚，在惨败后的逃跑路上，误把风声、鹤鸣也当成了追兵的声音……风声鹤唳，成了淝水之战最后的尾音……
丞相，赢了！赢了！秦军先锋部队溃不成军，后续敌兵也随之溃逃！
万岁！晋国的危机解除了！
小儿们总算是得胜了。
丞相，你怎么还能这么冷静呢？
我得赶紧把这个消息告诉别人……
慢走，不送了。
耶——

愚人妄语

淝水一战，苻坚惨败，败在哪里？败在狂妄自大。不错，他手中有百万大军，也能够挥鞭断流，但决定战争胜负的是天时、地利、人和。三者他没有一样优势，仅仅是多了几个人头，殊不知，兵不在多而在精啊。苻坚不是不懂，而是之前的战争的胜利冲昏了他的头脑。看来，“乘胜追击”虽然不错，但也不是放之四海而皆准的普遍真理啊！

谈天说地

祖逖胸怀大志

祖逖，字士雅，东晋时范阳遒县人，他性格豁达，为人慷慨，从小就深受乡间百姓、宗族同胞的敬重。他还博览群书，很有治国才干，每天早上听到鸡叫便起来练剑。“闻鸡起舞”这个成语讲的就是他和刘琨的故事。

永嘉五年（311 年）六月，洛阳陷落，北方人民纷纷逃到南方避难，祖逖怀有振兴复国的大志。当时主政的司马睿和拥戴他的门阀士族都无意北伐。面对祖逖北伐进言，为了敷衍天下人耳目，司马睿只好授予祖逖一个官职，并拨给他千人粮饷、三千匹布，却不给一兵一卒、一刀一枪。

祖逖率领跟随自己南下的数百流民，横渡长江，船到江心时，他拿着船桨边拍船舷边发誓：“我如果不能消灭占领中原的敌人，就不再渡过这条大江！”大家深受鼓舞。

晋大兴二年（319 年）十月，祖逖与石勒手下的将领桃豹在今河南开封附近相逢，几次交锋都未能取胜，祖逖决定智取。当时，双方粮草供应都很紧张，祖逖下令把沙土装在粮袋里，让一千多人像运送军粮一样搬运，又故意让几个人真的挑着大米，走在后面。桃豹就趁晋军休息时，伺机抢走了晋军队伍中最后那几担真粮食。桃豹见晋军粮食充足，顿时人心惶惶，军心大乱。不久，祖逖得知石勒正在给桃豹运送粮食，便派遣将领堵截，悉数缴获了这批粮食。桃豹闻讯连夜退兵，祖逖则乘胜追击，最终陆续收复了黄河以南的大部分地区。

图书在版编目（CIP）数据

暗流涌动西东晋 / 沈山明，李冰编 .—南昌：江西高校出版社，2017.3

（历史画中话）

ISBN 978-7-5493-5198-5

Ⅰ . ①暗… Ⅱ . ①沈… Ⅲ . ①中国历史—晋代—青少年读物 Ⅳ . ① K237.09

中国版本图书馆 CIP 数据核字（2017）第 054416 号

责任编辑　敖萌

装帧设计　小龙工作室

出版发行	江西高校出版社
社址	江西省南昌市洪都北大道 96 号
编辑电话	（0791）88511517
销售电话	（0791）88170198
网址	www.juacp.com
印刷	唐山新苑印务有限公司
经销	全国新华书店
开本	787mm × 1092mm　1/16
印张	6
字数	60 千字
版次	2017 年 3 月第 1 版 2017 年 3 月第 1 次印刷
书号	ISBN 978-7-5493-5198-5
定价	25.00 元

赣版权登字 -07-2017-245